Almut Lexow: Flußphilosophie

# Almut Lexow

## Flußphilosophie

Gedichte

Weitere Werke der Autorin:

„Traumstapfen“
Vindobona Verlag
ISBN 3-85438-373-8

Impressum

Copyright: Alle Rechte liegen bei der Autorin,
November 2001

email: almutlexow@gmx.de

Herstellung: Books on Demand GmbH,
Norderstedt

ISBN 3-8311-3069-8

## Voraussicht

Ich maß
mit meinen Händen
das Licht
abzuschätzen
für wieviel
Dunkelheit
ein Hoffnungsschimmer
bleibt

*Atemblick*

Losatmen
einfach drauflos
Flügelatem
Deine Wimpern
streicheln
mein Gefieder

*Nahbar*

Nie
waren wir uns
näher
als in den Momenten
augensprechender Stille

*Wortklauberei*

Die Worte
fallen
nicht vom Himmel
Sie warten
gelassen
irgendwo
auf die Niederkunft
der Phantasie

*Neuland*

Die Gezeiten
meines Herzschlags
so anders
als der Atem
dieses Landes
atemlos
ich nun
meine Monde
verirrt

*Tagesration*

Heute
nur das
was mich lachen
macht
nur das
und Wein
mit duftendem Brot

*Ohne dich*

Ohne dich
nur ein Blatt im Wind
eine Frage ohne Antwort
ein Himmel ohne Licht
ohne dich
nur ein Glas ohne Wein
eine Hand so hohl
ein Bogen ohne Pfeil
ohne dich
nur ein Halbes von allem nur ein Halbes
ohne dich

*Sehnsucht nach der blauen Stunde*

Die blaue Stunde
gehört uns
du und ich
zwei Hunde
und
das Meer

*Frühlingsgruß*

Das Winterlicht
weicht
den Farben der Sonne
die Konturen
entfliehen
Tausche
Schlafpelz
gegen
blaues Tuch

*Flußphilosophie*

Sich
über die Form
erheben
nicht erstarren
Fluß bleiben
Ufer schaffen

*Oberer Eichensitz*

Im Arm
des Baumes
verborgen
Wind ist nur
in den Hängen
dort draußen
hier
nichts als
das Flüstern
der Blätter
Die Welt
steht still

*Siegelnacht*

Schwer
das Abendlicht
bin getroffen
von deinem Augenaufschlag
noch immer
dein Blick
haftend auf meiner
Haut
mystisches Zeichen
unverwundbares

*Ansichtssache*

Die Morgen
sind so schön
schön
im Spiegel deiner Augen

*Winterankunft*

Die kurzen Tage
klopften an die Tür
fragte nach den langen
Sie schickten mir
die langen Nächte
welch Mißverständnis
wie jedes Jahr

*Alleinsein*

Ich
- in den Mantel der Stille
gehüllt

*Glücksbringer*

Im ersten Licht
des Tages
ruht
ein Talisman
Glücklich
der
der ihn findet
glücklich
für diesen Tag

*Schleswig-Holstein*

Land der Stille
Horizonte
Horizonte
bin meerumschlungen
in dir
die Seele
ruht
im Wellenschlag

*Herzmomente*

Die Träume
- das Glück
Lichtfetzen
die durch die
Zweige fallen
ins Nichts
aber
ihre Helligkeit
ist
unauslöschbar

*Fremdsprache*

Worthülsen zerfallen
von Nichtigkeit geformt
war dieser Sprache
nicht mächtig
verstehe nichts
was außerhalb der Liebe
liegt

*Du*

Du kamst
vom Wasser her
wie ich
kühlhäutig mit offenem Blick
Du
bist mein
solange
das Meer
in uns bebt

*Jenseits der Hast*

Hier
draußen
bin ich frei
im Lächeln der Bäume
die die Jahre
verträumen

*Südlich*

Mit südlichen Augen
sah ich
den Himmel
steingrau
dunkelster Schiefer
mit flimmerndem Licht
mit südlichen Augen
den Sommer
verebben
im großen Regen
in Gewittern
vergehen

*Sehnsucht nach dem Licht*

Mit einem Buch
unter dem Arm
wandere ich
mit der Sonne
folge
ihrem Tageslauf
heimlich
nehme ich
eine Handvoll Strahlen
mit in die Nacht

*Fast alles*

Fast alles
bleibt
eine Ahnung
nicht mehr
und
nicht weniger
eine Ahnung

*Wenn...*

Wenn die Tür
hinter dir ins Schloß fällt
der Geruch deiner Haut
verflogen ist
wenn der Klang deiner
Worte verebbt
dein Lachen nur noch
Erinnerung ist
wenn alles Greifbare
sich auflöst
und nichts mehr
sicher ist
dann beginnt
die Zeit der Angst

*Ausgewogener Abend*

Über
das Reden
das Essen
vergessen
Über
das Essen
das Reden
vergessen

*Wißbegierde*

Sturmraunen
in grüntrunkenen Buchen
nie Ebbe
nur Flut
in den blauschwarzen Flüssen
will deine Gedanken
wissen
jetzt
im Angesicht dieses
tosenden Lebens

*Dichters Ende*

Dicht
an dicht
Verdichtung
der Gedanken
Gedicht
abgedichtete
Dichtung
Dichters Ende

*Das schwere Los*

Schwerelos sein
die Schwere loslassen
das schwere Los
lassen, es hinnehmen
die Schwere los sein
schwerelos sein

*Beschreibungsversuch*

Du bist
kein Weißnichtsorecht
kein Schauenwirmal
Du bist
kein Könntesein
und
kein Vielleicht
kein Irgendwannundirgendwo
Du bist
das Ja
auf all meine Fragen

*Meerheit*

Nahm mir
eine Handvoll Wasser
nahm eine Handvoll Wasser
der See
spürte das Beben des Meeres
in meinen Händen
und es war
als umarmte ich
das ganze Meer

*Wer nahm dir den Mond*

Deine Augen
gleichen erloschenen Lichtern
Was haben sie gesehen
was meine nicht sahen?
Wohin treiben die Sterne
hinter den Wolken?
Wer gab dir die Nacht?
Wer nahm dir den Mond?
Sag
was sahen deine Augen
im Dunkeln am Abend?
Was sahen deine Augen
was meine nicht sahen?

*Frühsommernacht*

Das Watt
silbergetränkt
schimmernd
wie Wälle aus
ewigem Eis
verschwenderischer
Himmel
geöffnet
über
der Endlosigkeit

*Eichen in Grün*

Fang mich auf
du grüne Seele
keine Gedanken mehr
nichts
was Ecken hat
rundum Glück
zwischen den Zweigen
das Licht

*Gezeichnet*

Die Spur deiner Hände
wird keiner erkennen
die Zeichen der Bäume
und Wasser
so durchsichtig brennend
die Zeichen von
Erde und Himmel berührt
nur du gehst die Spuren
mit deinen Händen
den Sternenstaub
fächelnd
fort und fort

*Immer im Lot*

Nichts unbeantwortet lassen
keinen Tropfen im Glas
die Maße einhalten
nichts schuldig bleiben
- nichts zurücklassen -

*Tür zu*

Die Welt
vor der Tür
lassen
nicht
wissen wollen
um den Stand
der Dinge
Einfach nur
geborgen sein
ohne
den Blick auf ein
unsicheres Morgen

*Die Andere*

Sie hat Kaffee in den Augen
und Feuer
im rassigen Blick
mein Augenblau
kann es nicht
löschen

*Nachtgesang*

Leg dich
an meine Seite
Sei mein Schlaf
Sei die Hand
die hält
was sie verspricht

Leg dich
an meine Seite
Sei die Nacht
die traumlos ruht

Leg dich
an meine Seite
Sei mein Erwachen
in einen lichten Tag

Leg dich
Leg dich
an meine Seite
Geliebter

*Zwei*

Land aus Glas
Herz so rein
die Süße in den Bäumen
dunkle Frucht
deine Hand ist
warm
verborgen
müssen Wünsche
sein
sicher

*Östliche See*

Nebelgetränktes Wasser
ziehst die Schiffe an
Schemen am Horizont
wie graue Tücher
leinen die Himmelswand
blicke
gen Norden

*Blütenschimmer*

Unser Glück
leuchtete
wie Apfelblüten
im Morgenlicht
Ihr Duft
wiegt schwer
in der Erinnerung

*Ich weiß es noch*

Ich weiß noch
wie es war
als die Berge
einstürzten
und der Mond
sank
Die ganze Welt
bestand
aus dem Willen
bei dir zu sein

*Sonne oder Mond*

Wer Feuer sät
wird Feuer ernten
muß mein Fischdasein
eine Zeit lang verlassen
will wissen
wie das ganze Leben ist
Weiß
ich kann durchs Feuer
gehen

*Von allem Anfang an*

Des Morgens kühle Hände
greifen durch die Fenster
wedeln
die Geister des Schlafes
fort
Das Gesicht nach Osten
der Tag
kann beginnen

*Gute Aussichten*

Der Schnee
atmet noch
über der Ebene
Geliebter
doch in mir
tosen schon
die Frühlingswasser
bin erfüllt
von ihrem Strom
der Leben verspricht

*Angesichter*

Niemandes Augen
sind gleich
vergessen die Namen
die Daten
die Worte
doch keinen
der Blicke
doch keinen der Blicke

*Wunderverbreitung*

Deine Wunder
sind auch meine
wenn du sie
mir zeigen magst
Wir brauchen sie
ja nicht
zu zerteilen

*Die Stille I*

Die Stille -
nicht Tonlosigkeit
nicht Sprachlosigkeit
nicht Verstummen
Die Stille -
eine sanftschwingende
Wiege
die im Rhythmus
deines Herzens leise
singt

*Die Stille II*

Die Stille
wie ein großer Atemzug
nur die natürlichen
Stimmen
schwebend
über der schweigenden
Vollkommenheit

*Sterne, gepflückt*

Die Blüten
so hell
vergängliche Sterne
die leuchten
im Zimmer

*Das Wort zum Tag*

Die Worte
des Tages
bleiben ungesagt
Später
viel später
die alten Worte
auf dem Tisch
Schalen ohne Frucht
Verlorene Fäden

*Melancholischer Gesang*

Manche Stunden
atmen schwer
- niemand weiß von den goldenen Ringen
auf dem Meeresgrund -
die See
hat Augen
sie sieht dich an
du darfst ihnen
nicht folgen
zum Grund
Geh nicht

*Reichtum*

Ruhm
macht
süchtig
sagt man
Liebe
auch
doch
sie macht reicher
sie nährt alle Sinne

*Undercover*

So tief
inhaliert
eingesogen
absorbiert
Wähnte dich
fort
Irrtum
ruhtest bloß
schweigend
lächelnd
ruhtest bloß
irgendwo
unter meiner
Haut

*Windschreiber*

Die Worte
in den Wind
schreiben
Niemandem
Rechenschaft
schuldig
Windschreiber
sind
luftige Wesen

*Prophezeiung*

Du wirst erfrieren
an deiner Zunge
Kälte
Du wirst ersticken
an deiner Hände
Gier
Du wirst zerbrechen
an deiner Seele
Härte
Ich bin sicher
du wirst
deinen Preis zahlen
für uns

*Versuch über die Sehnsucht*

Die Sehnsucht
ein großes Licht
hell und weit
Die Sehnsucht
ein breites Meer
dunkel und tief
Die Sehnsucht
eine endlose Wüste
trocken und heiß
Die Sehnsucht
die Hand
die alles andere erstickt
weil nur
die Sehnsucht
grenzenlos ist

*Kältehauch*

Keine Sommer mehr
nur Wind
und fallende Sterne
was immer
wir auch gesucht haben
alles fort
nur der Himmel weiß
von den roten Blüten
und deinen Sommerhänden

*Rosenrot*

Die Schönheit
ist
nicht
so rar
wie wir glauben
wir sind nur
nicht fähig
sie
zu erkennen
im trüben Licht
des Alltags

*Erfüllung*

In deinen Augen
spiegelte sich
der Sternschnuppenfall
in meinen
der Wunsch dazu

*Lichtfänger*

Habe dir
Zeichen aus Licht
gefangen
Lesen
kannst
nur du
sie

*Die Träumenden*

Die Träumenden
werden
die Träumenden
bleiben
mit Sternen im Haar
und Sinnen wie Elfen
bin sicher
sie haben
versteckte Flügel
ganz kleine
ganz feine
zwischen den Zehen
zum Einmalentfalten

*In deinen Händen*

Wenn es deine Hände
nicht gäbe
wäre
alles, was ich bin
ohne Wert
in deinen Händen
ruhe ich
wie eine Perle
von höchster Kostbarkeit
für dich
bin ich vollendet

*Es kam*

Das Unglück
fand uns
unerkannt
niemand hat
seine Schritte
gehört

*Warum*

Die Tage
danach
leer
lichtlos
die Zeit
verharrt
der Tod
gebannt
in alle
Gesichter

*Unauffindbar*

All diese Gedanken voller Leuchtkraft
wo sind sie geblieben
sag mir
wie finde ich sie wieder
sag mir
wo finde ich sie wieder

*Ein anderes Leben*

Weit der Himmel
über uns
auch die Sterne
gibt es noch
seltsam
das Leben
geht weiter
doch
ich erkenne
es nicht

*Der schwerste Gang*

Das Haus der Trauer
ist groß
Wir müssen
es durchwandern
bis alle Fenster
zum Licht
geöffnet sind

*Später*

Eines Morgens
wartet
die Hoffnung
hinter
der Tür

*Das Unglück*

Das Unglück
es war
noch immer
in deinen Augen
manchmal
konnte ich sehen
wie es seine Fackeln
hochhielt
und dein Gesicht
erlosch
im faden Schein
der Angst

*Stiller Begleiter*

Die Schwermut
kommt
mit der Dämmerung
schweigend
lehnt sie
ihren Kopf
an deine Schulter

*Stand der Dinge*

Über die Liebe
treibt man keinen Scherz
ihre Ernsthaftigkeit
ist
das Einzige
was
uns leben macht

*Will dir die Augen öffnen*

Will dir die Augen
öffnen
für die Wunder meiner Welt
will sie empfänglich
machen
für ihr tiefstes Geheimnis

*Vollkommene Reise*

Unterwegs
nach Meridien
durch glasklare Wasser
wehendes Haar
Flügelschritt
ein Haus aus Bernstein und fallendem Licht
smaragdene Augen
wassernah

*Gesuch*

Wir brauchen
mal wieder
ein Wunder
etwas, das uns in Atem hält
die Gesichter erleuchtet
von sich reden macht
den Glauben festigt
die Zweifel verwischt
etwas
das wunderbar ist

*Eine Geographie*

In deinem Gesicht
eine Vielfalt von Farben
vorher
nie gesehener Farben
Jeden Tag
eine andere Landschaft
ein anderes Profil
unter meinen Augen
meinen Händen
wandernd auf deiner Haut
Immer wieder
neue Lichter, neue Schatten
unerschöpfliche Wege
Und doch
so bekannt
wie eine Karte
meiner selbst

*Geruhsame Zeichen*

Von den Dingen
die über dem Ozean
schweben
den großen Händen
die alles bewahren
der Weltenwiege
den Geburten
der Tausendsasser
und auch von
dem Lächeln der Zukunft
in Morgen getupft
hast du mir
nie erzählt
Ich habe es gelesen
in Menschen und Zeiten
gelesen
gelesen

*Jetzt*

Tore öffnen sich
was für unvorstellbare Welten
dahinter
nie geahnt
wie viele Leben
wie viele Wege
es gibt

*Sei Sommer an meiner Seite*

Sei Sommer
an meiner Seite
sei Abenddämmerung warm
sei Morgen voller Licht
sei Sonnenflut
an meiner Seite
sei Ozeans Tiefe
sei Landschaft in Grün
sei Weite, sei Nichts
sei Windsegel
an meiner Seite
sei Fels, Stein auf Stein
sei Farbenlust ohne Ende
Sei frei
an meiner Seite
Sei Heimat
für mich

*Selfmade*

Dem Jungen
nicht bedingungslos
vertrauen
aber
ihm
eine Chance geben
die Erfahrung
kann man sich
nicht basteln
Sie braucht Zeit

*Wolfsgefährte*

Du
hattest immer
den Schatten
im Gesicht
ein Stück
Nacht
in der Tasche
den Wolf
an deiner Seite
du
warst immer
ein Gefährte
der Einsamkeit

*Zwischenzeit*

Irgendwie
befinden wir uns
immer
dazwischen
zwischen zwei Wünschen
zwischen zwei Zielen
zwischen zwei Welten
zwischen
zwei Zeilen

*Warum hast du schon Herbst gemacht?*

Die Morgen der jungen Füchse
sind vorüber
warum hast du schon Herbst gemacht?
Wollte doch noch den Sommerreigen tanzen
im zarten Kleid
in grüner Julinacht

*Offenbarung*

Diese Ahnung
vor dem Gewitter
diese Erwartung
des Regens
bin erfüllt
vom sturmtrunkenen
Himmel

*Nach deiner Ordnung*

Mein Haar
hast du
nach deiner Ordnung
gelegt
mit Windrosen
geschmückt
und duftendem Oleander
in meine Augen
hast du
Meeresleuchten
gemalt
mit sanften Pinselstrichen
deiner Lippen

*Weimar*

Wandelte
auf Dichters Spuren
spürte den
Atem
einer großen Zeit
meine Füße
auf so fruchtbarem
Boden
hätte so gerne
den ewigen Poeten
Hand und Seele
gereicht

*Innenansicht*

Was das Herz
nicht sehen
will
wird das Auge
vergessen

*Sommerneige*

Lichtseiten
blättere ich um
Zeugnisse
vergangener Tage
spüre
noch einmal
das Strahlen der
Augenblicke
und
diese unfaßbare Hitze

*Im Hier*

Die Träume
heute
aus anderer Substanz
die Kiepe voll Damals
auf dem Rücken
die Zeit aus
neuer Sicht
Grenzen aus scharfem Stein
doch
die Füße
haben gelernt
sich
auf ungewohntem Terrain
zu beflügeln

*Vision*

Die Hitze
zieht
in Wogen
über den Horizont
wie ein schweres Liebeslied

*Solange*

Solange
ich frei bin
Treibgut
gestrandet an deinen Ufern
gib mir Land
das Wurzeln
trägt

*Weit weit*

Die Weite
ist unbeschreiblich
sie
weitet
mein Herz

*Einer*

Einer
der
die Herzen
bewegt
Einer

*Drei Irrtümer und eine Wahrheit über die Liebe*

Die Liebe
ist nicht rund
sie hat ihre Ecken und Kanten
Die Liebe ist nicht leicht
sie hat ihr besonderes Gewicht
Die Liebe ist nicht rot
sie hat ihre eigenen Farben
aber
die Liebe ist das Kostbarste
ohne Wenn und Aber

*JahresNeige*

Die Zeit der Nächte
war wieder gekommen
ganz leise kam
sie über den Berg
habe ihre dunklen Händchen
gesehen
griffen über die Kuppe
hinterlassen Spuren
von undurchdringbarer
Schwärze

*Silvesterwunsch I*

Über dem Schnee
die Stille
des Jahres
Zeit
für einen Moment
innezuhalten
vielleicht
ein Ende finden
und einen
Neuanfang
oder sich des Weges vergewissern
sich die Hände
reichen
sagen
was das Herz bewegt
und nie
im neuen Jahr
die Sternstunden des alten
vergessen
sie sind so kostbar

*Silvesterwunsch II*

Das neue Jahr
blinzelt hinter
verschlossenen Lidern
Abschiedsabend
das Gute
gegen das Schlechte
abwägen
Nach vorne sehen
Wiederbeginn
einen neuen Garten
anlegen
und Wünsche pflanzen
und einen großen Baum
der Zuversicht
heißt

*Wunderbare Ahnung*

Der Duft der Hyazinthen
erhellte
unsere Nächte
Wir konnten
den Frühling
sehen

*Die Welt ist eine Rose*

Die Welt
ist
eine Rose
voller Dornen
und doch von wundersamer
Poesie -
Die Welt
ist
eine Rose

## Inhaltsverzeichnis